Bibliografische Information der Deutschen Nationalbibliothek:

Die Deutsche Bibliothek verzeichnet diese Publikation in der Deutschen National-
bibliografie; detaillierte bibliografische Daten sind im Internet über http://dnb.d-
nb.de/ abrufbar.

Impressum:

Copyright © 2009 GRIN Verlag, Open Publishing GmbH
Druck und Bindung: Books on Demand GmbH, Norderstedt Germany
ISBN: 9783640552139

Dieses Buch bei GRIN:

http://www.grin.com/de/e-book/144620/nato-nach-1989

Sören Lindner

NATO nach 1989

Entwicklungen, Probleme, Strategien

GRIN Verlag

Carl von Ossietzky Universität Oldenburg

Die NATO nach 1989

Entwicklungen, Probleme, Strategien

20.07.2009

Sören Lindner

Veranstaltung: Internationale Beziehungen
Seminar: Modelle und Probleme der Weltpolitik

1. INHALTSVERZEICHNIS

2. EINLEITUNG

„Die NATO nach 1989" ist der Themenschwerpunkt dieser Arbeit und soll die NATO näher beleuchten. Nach Ende des Zweiten Weltkriegs entwickelten sich zwei militärische Verteidigungsorganisationen, die NATO und der Warschauer Pakt. Die NATO (North Atlantic Treaty Organisation) war das Verteidigungsbündnis der westlichen Alliierten und der Warschauer Pakt der sowjetischen Staaten. Nach dem Fall der Berliner Mauer änderte sich die politische Lage, auch der NATO.

Diese Veränderungen nach der Wende von 1989 bis heute werde ich im Folgenden darstellen. Zuerst erläutere ich die Situation beider Organisationen vor 1989, um die Ausgangslage für die Lage nach 1989 besser verständlich zu machen. Vor diesem Hintergrund gehe ich auf die Situation nach 1989 ein und es sollen zudem besonders die Probleme und Entwicklungen der NATO im Zuge der Strategien und der Einsätze deutlich gezeigt werden. Dabei soll auch auf die Rollen der USA und Russland in diesem Konflikt eingegangen werden.

Am Ende der Arbeit erfolgt nach einer Darstellung der aktuellen Einsätze bzw. der aktuellen Situation der NATO ein Fazit, welches die Hauptaspekte abschließend zusammenfasst und einen Ausblick auf die Zukunft der NATO geben soll.

3. AUSGANGSLAGE VOR UND ENTWICKLUNGEN NACH 1989

Vor dem Fall des Sowjetkommunismus gliederten sich die militärischen Verteidigungsbündnisse in zwei Lager. Die westlichen Alliierten organisierten sich nach Ende des Zweiten Weltkriegs in der NATO und die östliche Siegermacht, die Sowjetunion, organisierte sich mit ihren Bündnisstaaten in dem Warschauer Pakt. Im Zuge des Kalten Krieges und den zunehmenden Spannungen zwischen den entstandenen bipolaren Mächten beschränkte sich die Hauptaufgabe der jeweiligen Verteidigungsbündnisse auf die Verteidigung. Die Bundesrepublik Deutschland trat im Jahr 1955 der NATO bei. In diesen Zeiten, die vom Wettrüsten geprägt waren, musste stets mit Überraschungsangriffen des jeweils anderen Blocks gerechnet werden.[1]

Mit dem Fall der Berliner Mauer 1989 änderte sich die politische Konstellation grundlegend. Da der Sowjetkommunismus zerfiel, zerfiel gleichzeitig auch der Warschauer Pakt. Die NATO-Staaten und die Staaten des ehemaligen Warschauer Paktes einigten sich auf dem Pariser Gipfel 1990 auf eine „Charta für ein neues Europa". In dieser Charta sprachen sich alle Staa-

---

[1] Varwick, Johannes: S. 32 ff.

2

ten gemeinsam für ein Europa in Frieden, Sicherheit, Wohlstand und Freiheit aus. Zudem verständigten sich die Staaten auf die Wahrung der Demokratie aus in Verbindung mit der Wahrung der Menschenrechte.[2]

4. STRATEGIEWECHSEL DER NATO I

Zugleich änderte sich auch die strategische Ausrichtung der NATO. Da die vormals nötige Verteidigungspolitik nach dem Zerfall der bipolaren Blöcke nicht mehr notwendig war, verständigte sich die NATO auf eine neue Strategie. Diese neue Strategie beinhaltete die Sicherung eines dauerhaften Friedens und die Wahrung und Achtung der Menschenrechte.

Hinzu kam das Bekenntnis weg von einem Wettrüsten, dem die Sowjetunion schon lange nicht mehr gewachsen war, hin zur militärischen Abrüstung und der damit einhergehenden Entschärfung der politisch-militärischen Lage.

Zuvor stellte sich direkt nach der Wende von 1989 die Existenzfrage der NATO. Vor dem Hintergrund dieser geschilderten Entschärfungsstrategie stellte sich u. a. die Frage, ob ein militärisches Bündnis noch notwendig sei. Die NATO-Staaten hielten die Existenz ihrer Institution weiterhin für notwendig und begannen, durch Verhandlungen und Einbindungen die Staaten des ehemaligen Warschauer Pakts mit einzubeziehen. Durch die gemeinsam entwickelte neue Strategie der Friedens- und Menschenrechtssicherung war die Fortführung der Legitimation der NATO gesichert.[3]

Noch deutlicher zeigte sich die Wichtigkeit der NATO während des Bosnienkrieges der UN von 1992 bis 1995 und des Kosovo-Kriegs 1999. Näheres dazu im folgenden Kapitel.

5. EINSÄTZE UND PROBLEME DER NATO

Der vorhin erwähnte Bosnienkrieg war der erste echte Einsatz der NATO. Der Einsatz verhalf der NATO, sich zu profilieren und sich noch einmal nachdrücklich zu legitimieren. Schauen wir nun, wie sich der Bosnienkonflikt entwickelte und wie sich die NATO profilieren konnte.

Ausgangslage war der Zerfall des sozialistischen Jugoslawiens nach dem Tod des kommunistischen Führers Tito. Dadurch geriet Jugoslawien in eine zunehmende politische und wirtschaftliche Instabilität. Die Teilrepublik Serbien strebte, nachdem Slobodan Milosevic 1989 an die Macht gekommen war, nach einem Verbleib in Jugoslawien und dessen Stärkung. Die Bosnier hingegen und andere Teilrepubliken bzw. Ethnien wie der Kosovo, die Slowenen und

---

[2] Ebd.
[3] Ebd., S. 40 ff.

die Kroaten wollten eigenständige Republiken werden. Es entstanden daraufhin viele Kämpfe um die Zukunft Jugoslawiens, die Bürgerkriegszustände erreichten. Milosevics erste Amtshandlung war, die Teilrepubliken Kosovo und Vojvodina zu entmachten und sein Plan war es, sich mithilfe der serbischen Nationalisten zum Anführer Jugoslawiens zu machen unter Vorherrschaft der Serben. Demgegenüber standen die anderen Ethnien und Teilrepubliken, die dies befürchteten und eigenständige Republiken werden wollten. Wie erwähnt, kam es zu heftigen Ausschreitungen und Bürgerkriegen. Beispiel hierfür ist der Kampf um die ostslawonische Stadt Vukovar, in der sich Slowenen und Serben um die Vorherrschaft der Stadt bekriegten oder der Krieg in Kroatien. Die Europäische Gemeinschaft (EG) versuchte, durch diplomatische Verhandlungen eine Einigung der beiden Lager zu erreichen. Ziel der EG-Delegation war es, die staatliche Einheit Jugoslawiens zu sichern. Demzufolge sicherte die EG Milosevic Kredite und Schuldenerlasse. Der Kompromissvorschlag sah vor, dass sich die jugoslawische Armee zurückziehen sollte und dafür würden die Unabhängigkeitsbestrebungen der Slowenen und Kroaten für drei Monate ausgesetzt. Jedoch setzte Jugoslawien weiter ihre Angriffe auf die nach Unabhängigkeit strebenden Slowenen fort. Die EG versuchte erneut Verhandlungen über einen Waffenstillstand zu führen; zudem schaltete sich die OSZE (Organisation für Sicherheit und Zusammenarbeit in Europa) ein. Die Konsensbemühungen schlugen fehl, somit sah sich die UNO gezwungen, ein Waffenembargo gegen Jugoslawien zu verhängen. Die jugoslawischen Angriffe blieben jedoch nicht aus. Das Ganze gipfelte in einem Einsatz der UNPROFOR (United Nations Protection Force)-Truppen 1991, die zur Verhinderung von Angriffen in den Problemgebieten, wie Kroatien, stationiert werden sollten. Den UNO-Truppen gelang es aber weder die kriegerischen Auseinandersetzungen einzudämmen, noch die Zivilbevölkerung effektiv zu schützen.[4] Am 30. August 1995 beschloss die NATO, in der Operation Deliberate Force die UNPROFOR-Truppen zu unterstützen. Gezielt flog die NATO-Luftwaffe serbische Munitionslager und Stellungen an, nachdem die Serben einen Gegenschlag gegen UNO-Truppen vorgenommen hatten. Am 21. November 1995 wurde der Krieg beendet und im Dezember der Vertrag von Dayton unterzeichnet. Dieser Kontrakt sah vor, dass die Bosnier unabhängig, die serbischen Waffen abgezogen und die Schutzzonen der UNO garantiert werden sollen.[5]

Der richtige „Testfall"[6] für die NATO, wie es Zumach beschreibt, kam in dem Kosovokrieg 1999 auf. Die Kosovoalbaner sahen ihre Autarkie gegenüber Serbien und Montenegro in dem Vertrag von Dayton nicht verwirklicht. Gleichzeitig hielt Milosevic den Anspruch gegenüber

---

[4] Grotzky, Johannes: S. 61 ff.
[5] Zumach, Andreas: S. 53 ff.
[6] Ebd., S. 66.

dem Kosovo aufrecht und es wurden massive Menschenrechtsverletzungen von Jugoslawien gegen Kosovoalbaner durch „ethnische Säuberungen" verübt, die die NATO gemeinsam mit den USA veranlasst haben, einzugreifen. Auf massiven Druck der USA willigten die anderen NATO-Mitgliedsstaaten in einen Luftangriff ein, der unter dem Decknamen Operation Allied Force stattfand. Der erhoffte Erfolg blieb aber aus. Zumach treffend: „*Einziger Ausweis dieses Erfolges ist allein die Tatsache, dass bis zum Jahresende 1999 etwa 85 Prozent der Albaner, die zwischen März 1998 und Juni 1999 vertrieben wurden, in ihre Heimat zurückkehrten.*"[7] Es gelang der NATO nicht, die Probleme zu beseitigen; vielmehr befindet sich der Kosovo schlimmer als je zuvor in einer Spannung zwischen den vielen ethnischen Gruppen.

Bemerkenswerter Faktor dieses Einsatzes ist, dass die NATO erstmals auf Druck der USA ohne UN-Mandat gehandelt hat. Anzumerken ist in diesem Zusammenhang, dass es der Zustimmung auch der Veto-Mächte China und Russland im UN-Sicherheitsrat bedarf, damit die NATO eingreifen kann. Daher handelte die dominierende USA im Wissen eines möglichen Vetos seitens Russlands oder Chinas schon eher mit der Begründung der Menschenrechtsverletzungen und bat die NATO um Hilfe.

Besonders hier ist erkennbar, mit welcher Dominanz die USA agierte. Die Europäer verfolgen zwar ähnliche Ziele wie die USA, aber sie sind nicht identisch. So stimmte die USA nicht den Annäherungsversuchen der Europäer an Russland nach dem Fall des Eisernen Vorhangs zu. Die europäischen NATO-Staaten waren vor dem Kosovo-Krieg gegen einen Militärschlag gegen Jugoslawien, wohingegen die USA diesen Weg vertraten und auch durchsetzten. Die Verteidigungsstrategie der USA war auf militärische Drohungen fixiert, die einschüchternd wirken sollten.[8]

Russlands Rolle beschränkte sich eher auf Passivität als auf aktive Teilnahme. Besonders im Bosnienkrieg reagierte Russland nach dem Zerfall des Kommunismus passiv. Grund dafür ist die erlittene wirtschaftliche und militärische Schwäche in Folge des ständigen Wettrüstens während des Kalten Kriegs. Deshalb beschränkte sich die Rolle Russlands auf Vermittlungen von Jugoslawen und den Europäern. Beim Kosovokrieg und dem dominanten Agieren der USA reagierte Russland sehr empört über das Vorgehen. Die angemahnten Menschenrechtsverletzungen seitens der USA seien laut den Russen kein Grund dafür, ohne UN-Mandat zu handeln.[9]

---

[7] Ebd., S. 67.
[8] Birnbaum, Norman: S. 99 ff.
[9] Stölting, Erhard: S. 70 ff.

Ein grundlegender Wandel der Weltpolitik entstand mit den Terroranschlägen auf die Zwillingstürme des World Trade Centers in den USA am 11. September 2001. Der NATO-Rat erklärte zum ersten Mal den Bündnisfall, das heißt, ein angegriffener Mitgliedsstaat (hier: die USA) darf mit Hilfe der anderen Mitgliedsstaaten militärisch verteidigt werden.[10] Es herrschte jedoch kein Konsens über einen möglichen militärischen Gegenschlag gegen das afghanische Terrornetzwerk Al-Qaida unter den NATO-Staaten. Die USA handelten sehr schnell und fühlten sich von den unentschlossenen europäischen Mitgliedsstaaten vernachlässigt. Daraufhin stellte die USA eine „Koalition der Willigen" zusammen, in der diejenigen Staaten mit eingebunden wurden, die sich an einem militärischen Gegenschlag beteiligen wollten. Dieses unilaterale, also eigenmächtige Handeln der USA, wurde bei vielen europäischen NATO-Staaten nicht favorisiert. Im Zuge dessen sahen nicht wenige Staaten den Zusammenhalt unter den NATO-Staaten gefährdet. Es entstanden nun „ad-hoc-Koalitionen" und eine einheitliche Linie war nicht mehr erkennbar. So kam es letztendlich zu Militärschlägen der „Koalition der Willigen" gegen Afghanistan 2001 und gegen den Irak 2003, um den islamischen Terrorismus zu bekämpfen.[11]

Durch den Terrorismus änderte sich die Strategie Russlands. Russland befand sich im Kampf gegen die Tschetschenen, die mehrheitlich aus Muslimen bestanden und teilweise auch zu terroristischen Mitteln griffen, um unabhängig zu werden. Dieser Umstand kam Russland gerade recht und so beteiligten sich die Russen am Kampf gegen den islamistischen Terror. Vorher noch war eine Kooperation mit den USA schwer denkbar gewesen, nun aber sind beide Staaten wichtige Partner im Kampf gegen den Terror. So wurde am 28. Mai 2002 der Russland-NATO-Pakt geschlossen, in dem sich beide Partner auf eine enge Zusammenarbeit im Kampf gegen den Terror verständigten.[12]

6. STRATEGIEWECHSEL DER NATO II

Vor dem Hintergrund der Veränderung der Weltpolitik durch die Entstehung des internationalen Terrorismus und den Einsätzen der NATO-Staaten, lässt sich eine klare Kursänderung bzw. Kursmodifizierung der NATO-Strategie feststellen. Dadurch, dass durch terroristische Anschläge Angriffe schlechter vorherzusehen sind und das Terrorpotential weltweite Ausmaße annimmt, musste die Strategie der NATO überarbeitet werden. Die Strategie der Sicherung des Friedens, der Menschenrechte, des Wohlstands usw. blieb aufrechterhalten. Hinzu kam

---

[10] Meier-Walser, Reinhard: S. 5.
[11] Varwick, Johannes: S. 43 ff.
[12] Kerneck, Barbara: S. 76 ff.

6

eine weltweite, transatlantische Vernetzung unter den einzelnen Staaten, um das terroristische Netz zu sprengen. Die Konfliktpotentiale lagen nun keineswegs mehr innerstaatlich oder innerkontinental, sondern global und weltweit. Als der niederländische Politiker Jaap de Hoop-Scheffer 2004 das Amt des NATO-Generalsekretärs antrat, beschrieb er die neu entstandene weltpolitische Lage so: *„Aber wir können unsere Sicherheit heute nicht mehr gewährleisten, wenn wir uns nicht den Risiken und Bedrohungen widmen, die sich fern unserer Heimatländer abzeichnen.*"[13] Diese Aussage unterstreicht einmal mehr, dass sich die Probleme und Konflikte nicht mehr auf Europa beschränken, sondern weltweite Ausmaße annehmen.[14]

7. DIE NATO HEUTE

Bis heute befindet sich die NATO in Auslandseinsätzen. Angefangen mit dem seit 1996 laufenden Einsatz „SFOR" (Stabilization Force). Dieser Auftrag soll die Bestimmungen bezüglich des Friedensprozesses im Daytoner Vertrag in Bosnien-Herzegowina sichern. Von den 12000 beteiligten Soldaten aus 26 verschiedenen Nationen befinden sich auch 1350 deutsche Soldaten. Seit Juni 1999 bis heute sind die NATO-Soldaten im Kosovo im Einsatz mit dem Namen „KFOR" (Kosovo-Force), um dort die autonome Selbstverwaltung des Kosovo zu sichern. Beteiligt sind 40000 Soldaten aus knapp 40 Ländern. Unter ihnen etwa 3200 deutsche Soldaten. Zudem ist die NATO mit Marinesoldaten seit 2001 im Mittelmeer eingesetzt, um dort innerhalb der Operation „Active Endeavour" das Mittelmeer zu sichern und u. a. Eskorten für zivile Schiffe zu leisten, die die Straße von Gibraltar durchqueren wollen. Bei diesem Einsatz sind Marinestreitkräfte aus zwölf verschiedenen Ländern, unter ihnen etwa 250 Deutsche, beteiligt. Vor dem Hintergrund des Afghanistan-Kriegs ist seit Oktober 2001 eine Truppengröße von etwa 5500 Soldaten in Kabul und Kundus stationiert. Unter ihnen befinden sich etwa 1900 deutsche Soldaten. Ziel ist es, die innere Sicherheit zu gewährleisten und die Versorgung mit den Hilfsgütern zugunsten der Zivilbevölkerung zu sichern. Das ganze geschieht unter dem Namen „ISAF" (International Security Assistance Force).[15]

Das aktuelle NATO-Bündnis umfasst die Gründerstaaten von 1949 Großbritannien, Frankreich, Niederlande, Belgien, Italien, Dänemark, Luxemburg, Norwegen, Island und Portugal sowie die USA und Kanada.[16] Die Bundesrepublik Deutschland wurde 1955 Mitglied. Das wiedervereinigte Deutschland 1990.[17] 1999 traten Polen, Tschechien und Ungarn bei. 2004

[13] Varwick, Johannes: S. 43.
[14] Ebd., S. 43 ff.
[15] Tagesschau: Einsätze der NATO, http://www.tagesschau.de/ausland/meldung248328.html.
[16] BPB: 60 Jahre NATO, http://www.bpb.de/themen/5BFMCA,0,0,60_Jahre_Nato.html.
[17] Varwick, Johannes: S. 33 f.

kamen Bulgarien, Estland, Lettland, Litauen, Rumänien, die Slowakei und Slowenien hinzu. Albanien und Kroatien wurden in diesem Jahr offiziell als neue Mitglieder empfangen.[18]

8. FAZIT/AUSBLICK

Anhand der Entwicklungen der NATO lässt sich beobachten, dass sich die NATO den weltpolitischen Veränderungen angepasst hat. Angefangen mit der Verteidigungsstrategie von der Gründung 1949 bis zur Wende 1989. Danach setzte die NATO auf die Einbindung der ehemaligen Staaten des Warschauer Paktes und die Existenzsicherung durch die neue Strategie der Sicherung von Frieden, Menschenrechten, Wohlstand und der Wirtschaftsstabilität. Seit dem Beginn von weltweiten terroristischen Anschlägen modifizierte die NATO ihre Strategie zu einer globalen Kooperation gegen Terrornetzwerke.

Die USA spielten insbesondere unter der Administration George W. Bushs eine sehr dominante Rolle. Die USA waren im Bosnien- und Kosovokrieg treibender Faktor, besonders beim Afghanistan- und Irakeinsatz handelten die USA unilateral, was unter den europäischen NATO-Staaten nur teilweise Anklang fand.

Russlands Hände waren besonders im Bosnienkonflikt gebunden. Russland war anfangs militärisch und wirtschaftlich durch das Wettrüsten im Kalten Krieg geschwächt. Zudem blieben die Spannungen zwischen Russland und den USA auch nach 1989 weiterhin vorhanden. Gutes Beispiel ist hierfür das Umgehen der NATO des UNO-Sicherheitsrates, unter dem Druck der USA, im Zusammenhang mit dem Kosovokonflikt. Diese Lage änderte sich mit den Terroranschlägen Anfang des 21. Jahrhunderts. Nun sind NATO (auch die USA) und Russland enge Kooperationspartner im Kampf gegen den Terror. Die globalen Terrorattacken und die Gegenrevolte kamen gerade richtig, damit Russland auch das Eingreifen in Tschetschenien rechtfertigen konnte.

Es muss an dieser Stelle erneut betont werden, dass die Existenz und das Fortbestehen der NATO keineswegs eine sichere Sache war. Wie oben beschrieben, stellte sich nach 1989 die Existenzfrage, die mit der Einbindung der Staaten des ehemaligen Warschauer Paktes und der militärischen Entschärfungspolitik bejaht werden konnte. Die Frage nach dem Sinn der NATO schwingt mit dem dominanten bzw. unilateralen Handeln der USA stetig mit.

Erwähnt werden muss auch an dieser Stelle die Rolle Deutschlands. Die Wiederbewaffnung und der NATO-Beitritt der Bundesrepublik in den 1950er Jahren wurde aufgrund der nationalsozialistischen Vergangenheit heftigst diskutiert. Auch die Einsätze deutscher Flugzeuge

---

[18] BPB: 60 Jahre NATO, http://www.bpb.de/themen/5BFMCA,0,0,60_Jahre_Nato.html.

im Zuge des Bosnien- und Kosovokriegs, ließen Kritiker vor das Bundesverfassungsgericht ziehen. Das entschied jedoch, dass die Einsätze deutscher Flugzeuge rechtens seien, weil durch diese Einsätze Frieden und Stabilität gesichert würden.[19]

Auf der aktuellen Jubiläumsfeier zum 60. Geburtstag der NATO trafen sich alle Mitgliedsstaaten am 03. und 04. April diesen Jahres, um eine Bestandsaufnahme zu machen und neue Strategien zu erörtern. In den letzten Jahren wurde durch neue Beitritte osteuropäischer Länder die Osterweiterung weiter vorangetrieben. Auf dem Gipfel wurde auch über zukünftige Strategien gesprochen. Es sind weitere Beitritte z. B. der Ukraine im Gespräch. Die Hauptaufgabe soll neben der Friedens- und Stabilitätssicherung sein, dass sich die NATO weiter um das „nation-building"[20] bemüht. Das bedeutet, dass die vom Krieg zerstörten Staaten (z. B. Afghanistan) wieder aufgebaut werden sollen, auch politisch. Daneben einigten sich die Mitgliedsstaaten auf eine engere Kooperation mit internationalen Gruppen, wie der UN und der OSZE[21], nachdem das Verhältnis durch den NATO-Alleingang während des Kosovo-Einsatzes getrübt war.

Immer wieder entstehen aktuelle Diskussionen um die Zukunft bzw. den Erhalt der NATO. Vor dem Hintergrund der genannten Probleme tauchen immer wieder Debatten über eine Einführung bzw. Integration europäischer Streitkräfte auf. So forderte der Sozialdemokrat Kurt Beck diesen Schritt, damit Europa eine „globale Friedensmacht"[22] werde.[23]

Daran wird einmal mehr klar, dass stetige Debatten um die Zukunft der NATO geführt werden. In den nächsten Jahren wird sich zeigen, welchen Ausgang diese Diskussionen nehmen. Ein wichtiger Faktor wird der Erfolg sein, den die NATO verbucht oder nicht verbucht. Die aktuellen Einsätze zeigen, dass sich solche NATO-Engagements viele Jahre hinziehen können, auch wenn sie „nur" zum Aufbau eines demokratischen Staates, wie beispielsweise in Afghanistan, dienen. Sicherlich nehmen solche Einsätze sehr viel Zeit und auch Opfer in Anspruch, jedoch wird mit jedem Jahr und jedem Opfer mehr die Geduld der Bevölkerung der NATO-Staaten strapaziert. So wird sich auch immer die Legitimationsfrage weiterhin stellen, so wie nach dem Fall der Berliner Mauer 1989 und den Alleingängen der USA. Wenn die NATO-Staaten den Bürgern ihrer Länder erklären können, dass die NATO weiterhin ein unverzichtbarer Faktor zur Bekämpfung von Terrorismus, Krieg und Menschenrechtsverletzungen ist, dann könnte auch diese Existenzfrage positiv beantwortet werden. Der neue Weg, der auf dem jüngsten NATO-Gipfel eingeschlagen wurde, nämlich die engere Zusammenarbeit mit der UN oder der OSZE, lässt Positives erwarten, denn die Bürger akzeptieren keine Al-

---

[19] Zumach, Andreas: S. 56 ff.
[20] BPB: 60 Jahre NATO, http://www.bpb.de/themen/5BFMCA,0,0,60_Jahre_Nato.html.
[21] Ebd.
[22] Bannas, Günter: Verteidigungspolitik, http://www.cap-lmu.de/lit/eintrag.php?we_objectID=1230.
[23] Ebd.

leingänge, sondern Kooperationen. Von großer Bedeutung ist, dass auch die USA unter Präsident Obama hinter diesem Kurs stehen. Somit wäre in diesem Militärbündnis auch noch mehr Humanitäres enthalten.

9. LITERATURVERZEICHNIS

❖ Bannas, Günter: Verteidigungspolitik: Beck fordert integrierte EU-Streitkräfte, erschienen in FAZ.net, http://www.cap-lmu.de/lit/eintrag.php?we_objectID=1230, Berlin 2006, Zugriff: 20.07.2009.

❖ Birnbaum, Norman: Das Ende der NATO. Gehen Europa und die USA schon bald getrennte Wege?, in: Reinecke, Stefan (Hg.): Die neue NATO, Hamburg 2000, S. 99-113.

❖ Bundeszentrale für politische Bildung (BPB) (Hg.): 60 Jahre NATO, http://www.bpb.de/themen/5BFMCA,0,0,60_Jahre_Nato.html, 02.04.2009, Zugriff: 17.07.2009.

❖ Grotzky, Johannes: Balkankrieg. Der Zerfall Jugoslawiens und die Folgen für Europa, München 1993.

❖ Kerneck, Barbara: Russlands Sicht auf die NATO und EU. Wie es die russischen Politiker mit ihren außenpolitischen Programmen halten, Berlin 2004.

❖ Meier-Walser, Reinhard: Zur Einführung: Perspektiven für die Zukunft der NATO nach dem 11. September 2001, in: ders. (Hg.): Die Zukunft der NATO, Hanns-Seidel-Stiftung, Argumente und Materialien zum Zeitgeschehen, Bd. 34, München 2002.

❖ Nachrichten der ARD/Tagesschau: Einsätze der NATO im Überblick, http://www.tagesschau.de/ausland/meldung248328.html, Stand 06.02.2004, Zugriff: 11.07.2009.

❖ Stölting, Erhard: Großmacht von gestern. Russland und die NATO, in: Reinecke, Stefan (Hg.): Die neue NATO, Hamburg 2000, S. 43-70.

❖ Varwick, Johannes: Die NATO. Vom Verteidigungsbündnis zur Weltpolizei?, München 2008.

❖ Zumach, Andreas: Die Sieger der Geschichte. Zur neuen Strategie der NATO, in: Reinecke, Stefan (Hg.): Die neue NATO, Hamburg 2000, S. 70-83.

❖ Bildquelle (Titelseite): Unbekannter Herausgeber: Robert Amsterdam Deutsch, www.robertamsterdam.com/deutsch/NATO10.jpg, 13.02.2009, Zugriff: 17.07.2009.